Ob vegetarisch oder mit Fleisch

– eine leichte Cremesuppe, ein würziger Eintopf sind die richtigen Muntermacher nach
einem anstrengenden Arbeitstag. Alle Re-
zepte eignen sich natürlich auch für Gäste.
Sie müssen die Zutaten nur entsprechend
multiplizieren. Die Tabelle für Mengen und
Gewichte auf Seite 35 hilft Ihnen bei der
Zubereitung.

Erbsencremesuppe mit Croûtons

Eine milde Cremesuppe, die auch Ungeübten sicher gelingt.

Vegetarisch

1 Kartoffel
150 g Erbsen, tiefgekühlt
1 1/2 Tassen Wasser
1 Teel. Instant-Gemüsebrühe
1 Scheibe Vollkorntoastbrot
1 Teel. Butter oder Margarine
Salz
weißer Pfeffer, frisch gemahlen
1 Eßl. Crème fraîche
1/2 Teel. getrockneter Majoran

• Zubereitungszeit: etwa 25 Minuten

Etwa 1360 kJ/330 kcal

Diese Cremesuppe können Sie auch mit einer Portion (150 g) anderer, frischer Gemüsesorten zubereiten, wie Brokkoli, Blumenkohl, Lauch, Kohlrabi, Möhren, Rosenkohl, Sellerie, Spargel oder Zucchini. Immer 1 Eßlöffel bißfestes Gemüse beiseite stellen und nach dem Pürieren in die Suppe geben.

1

Die Kartoffel schälen, waschen und würfeln (Seite 18), in einen Topf geben. Von den tiefgekühlten Erbsen 1 Eßlöffel beiseite stellen. Die restlichen Erbsen zu den Kartoffelwürfeln geben. Das Wasser dazugießen, die Instant-Gemüsebrühe dazugeben, alles einmal umrühren und zum Kochen bringen. Dann die Suppe bei schwacher Hitze etwa 20 Minuten köcheln lassen.

2

In der Zwischenzeit das Toastbrot in kleine Würfel schneiden und in einer beschichteten Pfanne trocken rundherum anrösten. Die Butter oder Margarine dazugeben und die Brotwürfel goldbraun braten. Mit Salz und Pfeffer würzen und warm stellen.

3

Die Crème fraîche in die Suppe geben. Die Suppe im Topf mit einem Pürierstab fein pürieren (Seite 34). Mit Salz, Pfeffer und Majoran abschmecken. Die zurückbehaltenen Erbsen dazugeben und alles noch einmal etwa 2 Minuten erhitzen.

4

Die Suppe in eine Suppenschale füllen und die Croûtons darüber streuen.

Brühe mit Teigtaschen

Ein fernöstliches Gericht, das als Vorspeise für zwei Personen reicht.

Spezialität aus China

etwas Gemüse (Spinat, Lauch, Frühlingszwiebel, Champignons oder Spitzkohl;
kleingeschnitten etwa 3 Eßl.)
1 1/2 Tassen Wasser
2 Teel. Instant-Hühnerbrühe
oder 2 Teel. Hühnerfleisch-Basis
(aus dem Glas)
6 gefüllte Teigtaschen (Fertigprodukt;
Füllung mit Gemüse, Schweinefleisch
oder Krabbenfleisch)
Salz
weißer Pfeffer, frisch gemahlen
1 Eßl. Sojasauce
1 Eßl. Schnittlauchröllchen

• Zubereitungszeit: etwa 15 Minuten

Etwa 980 kJ/230 kcal

Die Teigtaschen mit unterschiedlichen
Füllungen gibt es fertig zu kaufen. In
Scheiben geschnittene Maultaschen
oder in Streifen geschnittene Pfann-
kuchen eignen sich auch. Wichtig: Die
Brühe muß sehr würzig sein.

1

Das Gemüse kleinschneiden: Den Spinat
waschen und grob hacken. Den Lauch
in Ringe schneiden und im Sieb unter
fließendem Wasser abbrausen. Die
Frühlingszwiebeln in dünne Streifen
schneiden und ebenfalls im Sieb abspülen. Die Champignons putzen und in
dünne Scheiben schneiden (Seite 18).
Die zarten Blätter vom Spitzkohl grob
hacken.

2

Das Wasser mit der Instant-Brühe zum
Kochen bringen, die Hitze reduzieren.
Die Teigtaschen hineingeben und etwa
5 Minuten bei schwacher Hitze ziehen
lassen.

3

Das vorbereitete Gemüse in die heiße
Brühe geben, umrühren und etwa 2 Minuten ziehen lassen.

4

Die Suppe mit wenig Salz, Pfeffer und
der Sojasauce abschmecken und in eine
Suppenschale füllen. Mit den Schnittlauchröllchen bestreuen.

Kartoffelsuppe mit Würstchen

Eine kräftige Suppe, die Sie Gästen auch als Vorspeise servieren können.

Klassiker auf neue Art

1 Kartoffel
1 Stange Lauch
1 Wiener Würstchen
1/2 Bund Schnittlauch
1 1/2 Tassen Wasser
1 Teel. Instant-Brühe
Salz
weißer Pfeffer, frisch gemahlen

• Zubereitungszeit: etwa 25 Minuten

Etwa 1340 kJ/320 kcal

1

Die Kartoffel schälen, waschen und würfeln. Den Lauch putzen. Ein 5 cm langes Stück beiseite legen. Den restlichen Lauch kleinschneiden, in ein Sieb geben und unter fließendem Wasser abspülen, dann abtropfen lassen.

2

Das Würstchen der Länge nach vierteln, dann quer in kleine Würfel schneiden. Den Schnittlauch waschen, trockenschütteln und in Röllchen schneiden. Den zurückbehaltenen Lauch in feine Ringe schneiden.

3

Die Kartoffelwürfel und den kleingeschnittenen Lauch in einen Topf geben. Das Wasser dazugießen, die Instant-Brühe hinzufügen und zugedeckt ganz kurz sprudelnd kochen, dann bei schwacher Hitze etwa 20 Minuten köcheln lassen (Seite 34).

4

Die Suppe mit einem Pürierstab ganz fein pürieren (Seite 34). Mit Salz und Pfeffer abschmecken. Die Würstchenwürfel, Lauchringe und Schnittlauchröllchen dazugeben. Alles zusammen kurz erhitzen und dann in eine Suppenschale füllen.

Wer kein Schweinefleisch mag, kann Wiener Würstchen aus Hähnchen- oder Putenfleisch nehmen, die es mittlerweile in vielen Supermärkten gibt.

Brokkoli-Krabben-Cremesuppe

Die Krabben geben dieser Suppe das gewisse Etwas (auch Titelbild).

Etwas teurer

1 Kartoffel
150 g Brokkoli
1 1/2 Tassen Wasser
1 Teel. Instant-Brühe
1 Eßl. Crème fraîche
Salz
weißer Pfeffer, frisch gemahlen
Muskatnuß, frisch gerieben
50 g Nordseekrabbenfleisch
1 Stück Baguette

• Zubereitungszeit: etwa 25 Minuten

Etwa 1340 kJ/320 kcal

Die Kartoffel schälen, waschen und würfeln (Seite 18). Den Brokkoli kleinschneiden, 1 Eßlöffel Brokkoliröschen beiseite stellen. Kartoffelwürfel und Brokkoli zusammen mit dem Wasser und der Instant-Brühe in einen Topf geben und zum Kochen bringen. Zugedeckt etwa 20 Minuten bei schwacher Hitze köcheln lassen.

2

Die Crème fraîche in die Suppe geben. Die Suppe mit einem Pürierstab fein pürieren (Seite 34). Mit Salz, Pfeffer und geriebener Muskatnuß abschmecken. Die zurückbehaltenen Brokkoliröschen und die Krabben – einige zurücklassen – zur Suppe geben und alles noch einmal für etwa 2 Minuten erhitzen.

3

Die Suppe in eine Suppenschale füllen. Die zurückbehaltenen Krabben auf die Suppe geben. Dazu gibt es Baguette.

Sie können die Suppe auch mit 150 g Blumenkohl, Zucchini oder Lauch zubereiten.

Hähnchen-Gemüse-Suppe

Eine leckere Hühnerbrühe mit buntem Gemüse.

Läßt sich gut vorbereiten

1 Hähnchenkeule
1/2 Tasse Reis
2 1/2 Tassen Wasser
2 Teel. Instant-Gemüsebrühe
2 Lorbeerblätter
5 Champignons
1 Tomate oder 50 g tiefgekühlte Erbsen
1 Frühlingszwiebel
1 Päckchen Suppengrün, tiefgekühlt
Salz
Pfeffer, frisch gemahlen

• Zubereitungszeit: etwa 30 Minuten

Etwa 1800 kJ/430 kcal

1

Die Hähnchenkeule waschen, trockentupfen, die Haut mit einem spitzen Messer einstechen und in einem Topf auf beiden Seiten bei mittlerer Hitze in etwa 5 Minuten goldbraun anbraten.

2

Den Reis, das Wasser, die Instant-Gemüsebrühe und die Lorbeerblätter dazugeben und zugedeckt etwa 20 Minuten bei schwacher Hitze köcheln lassen. Die Hähnchenkeule ab und zu wenden.

3

In der Zwischenzeit das Gemüse kleinschneiden (Seite 18). Die Champignons putzen, kurz abspülen und in Scheiben schneiden. Die Tomate waschen, halbieren, den Stielansatz herausschneiden. Die Tomate kleinschneiden. Die Frühlingszwiebel putzen und schräg in Ringe schneiden.

4

Die Hähnchenkeule aus dem Topf nehmen. Champignons, Tomate oder Erbsen, Frühlingszwiebel und das Suppengrün in die Suppe geben, umrühren und etwa 5 Minuten bei schwacher Hitze köcheln lassen.

5

Das Hähnchenfleisch von Haut und Knochen befreien, kleinschneiden und zurück in die Suppe geben. Alles mit Salz und Pfeffer abschmecken und noch einmal kurz erhitzen.

Currycremesuppe

Die Bananen verleihen dieser Suppe eine fruchtige Note.

Orientalisch

2 reife Bananen
1 Frühlingszwiebel
1 Eßl. Butter oder Margarine
2 Teel. Currypulver
1 1/2 Tassen Wasser
1 Teel. Instant-Geflügelbrühe
1 Eßl. Crème fraîche
Salz

• Zubereitungszeit: etwa 20 Minuten

Etwa 1540 kJ/370 kcal

1

Die Bananen schälen und in Scheiben schneiden. Einige dünne Scheiben zurückbehalten. Die Frühlingszwiebel putzen, waschen und in dünne Ringe schneiden. Einige Zwiebelringe beiseite stellen.

2

Die Bananenscheiben und die Zwiebelringe in einen Topf geben und in der Butter oder Margarine kurz anbraten. Mit Curry bestäuben. Das Wasser und die Instant-Brühe dazugeben und einmal gut umrühren. Zum Kochen bringen und dann etwa 10 Minuten bei schwacher Hitze köcheln lassen.

3

Die Crème fraîche in die Suppe geben und die Suppe mit dem Pürierstab sehr fein pürieren (Seite 34). Mit Salz abschmecken.

4

Die Cremesuppe in einer Suppenschale anrichten und die zurückbehaltenen Bananenscheiben und Frühlingszwiebelringe darauf verteilen.

Diese Suppe ist ein leichtes Hauptgericht für Singles oder eine Vorspeise für zwei Personen. Für besondere Anlässe setzen Sie noch einen Klecks geschlagener Sahne und geröstete Mandelblättchen darauf.

Gurkenkaltschale

Eine köstliche Erfrischung an heißen Sommertagen.

Vegetarisch

1/2 Salatgurke
1/2 Becher Sahnejoghurt (10 % Fett)
1/2 Bund Dill
1 Knoblauchzehe
1/2 Teel. Zucker
1 Eßl. Zitronensaft
Salz
weißer Pfeffer, frisch gemahlen
1 Stück Baguette

• Zubereitungszeit: etwa 15 Minuten
• Zeit zum Durchziehen: 30 Minuten

Etwa 1130 kJ/270 kcal

Am besten zerkleinern Sie die Gurke auf der feinen Reibscheibe der Küchenmaschine – wenn Sie eine haben. Auf einer Handreibe ist es etwas mühsam, und im Blitzhacker wird die Gurke nicht so fein zerkleinert wie in der Küchenmaschine. Anschließend die Gurkenmasse mit einem Pürierstab fein pürieren.

1

Die Salatgurke schälen (Seite 18). Eine Scheibe zurückbehalten und beiseite legen. Die Gurke halbieren, die Kerne mit einem Löffel herausschaben. Die Gurkenhälften reiben (Seite 19).

2

Den Joghurt in eine Schüssel geben, 1 Teelöffel zurückbehalten. Den Dill waschen (1 kleinen Zweig beiseite legen), hacken und zum Joghurt geben. Die Knoblauchzehe pellen und durch die Knoblauchpresse in den Joghurt drücken. Zucker, Zitronensaft, Salz und Pfeffer dazugeben und alles gut verrühren.

3

Die Gurkenmasse unter den Joghurt heben und für etwa 30 Minuten in den Kühlschrank stellen.

4

Die zurückbehaltene Gurkenscheibe fein würfeln. Die Gurkenkaltschale noch einmal umrühren und dann in einen tiefen Teller füllen. Mit 1 Klecks Joghurt, den Gurkenwürfeln und dem zurückbehaltenen Dillzweig anrichten. Dazu essen Sie das Baguette.

Gemüse schälen

Gemüse schneiden

1   Am besten schälen Sie Kartoffeln, Gurken, Möhren und Spargel mit einem Sparschäler. Der schält leichter und dünner als ein Messer, mit dem Sie nur die Enden abschneiden müssen.

1   Für Würfel: Das Gemüse gitterförmig einschneiden. So greifen, daß die Fingerspitzen von den Knöcheln geschützt werden. Senkrecht vor den Fingerknöcheln die Würfel abschneiden.

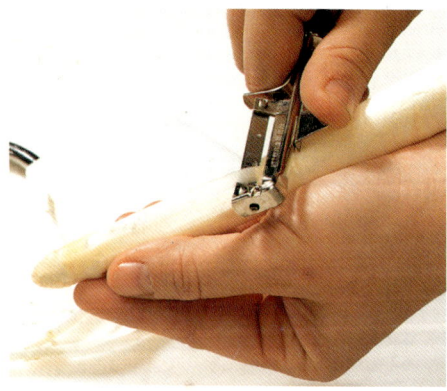

2   Legen Sie das Gemüse auf die flache Hand und halten Sie es mit den Fingerspitzen fest. Ziehen Sie den Sparschäler von oben nach unten über die Frucht.

2   Für Scheiben: Das Gemüse wie oben beschrieben greifen, mit einem scharfen Messer Scheiben abschneiden. Schräg in Scheiben schneiden: Das Messer oben schräg ansetzen.

Gurken reiben

1 Gurken zerkleinern Sie auf einer Reibe, auf der man auch Äpfel reibt. Vorher die Gurke schälen oder gründlich waschen.

2 Wer eine Küchenmaschine hat, kann die Gurke auf der Reibscheibe zerkleinern. Untauglich sind in diesem Fall Blitzhacker und Mixer, denn diese zerkleinern nicht fein genug.

Kräuter hacken

1 Die Blätter von den Stengeln zupfen. Ein schweres Messer an der Spitze mit zwei Fingern festhalten und den Griff mit der anderen Hand kräftig von oben nach unten herunterdrücken.

2 Bei Schnittlauch das Gummiband zunächst nicht entfernen. Den Schnittlauch so fassen, daß die Fingerkuppen geschützt sind. Dann feine oder lange Röllchen senkrecht abschneiden.

Kohlrabi-Eintopf mit Schinken

Schmeckt am besten im Spätsommer, wenn der Kohlrabi besonders zart ist.

Preiswert

3 Kartoffeln
1 kleiner Kohlrabi mit Grün
1 1/2 Tassen Wasser
1 Teel. Instant-Gemüsebrühe
100 g gekochter Schinken in Scheiben
1 Eßl. Butter oder Margarine
1 Eßl. Zitronensaft
1 Eßl. Crème fraîche
Salz
weißer Pfeffer, frisch gemahlen

• Zubereitungszeit: etwa 40 Minuten

Etwa 1890 kJ/450 kcal

Diesen Eintopf können Sie auch mit anderen Gemüsesorten zubereiten, wie zum Beispiel Brokkoli und Blumenkohl, Wirsing, Weiß- oder Spitzkohl.

1

Die Kartoffeln schälen und grob würfeln. Den Kohlrabi schälen. Ein Viertel des Kohlrabis in dünne Stifte schneiden, das Grün grob hacken und beides beiseite stellen. Den Rest des Kohlrabis ebenfalls grob würfeln (Seite 18).

2

Kartoffel- und Kohlrabiwürfel in einen Topf geben. Das Wasser und die Instant-Brühe dazugeben und zugedeckt etwa 30 Minuten köcheln lassen.

3

In der Zwischenzeit den Schinken kleinschneiden und in einer beschichteten Pfanne in der Butter oder Margarine knusprig braten.

4

Mit einer Gabel die Kartoffel- und Kohlrabiwürfel im Topf etwas zermusen. Den Eintopf mit Zitronensaft und Crème fraîche verrühren, mit Salz und Pfeffer abschmecken.

5

Die Kohlrabistifte und das gehackte Kohlrabikraut dazugeben, einmal umrühren. In einer großen Suppenschale anrichten. Den gerösteten Schinken darauf verteilen.

Fischtopf mit Tomaten

Eine scharfe Delikatesse mit Kartoffeln.

Spezialität aus Frankreich

150 g Kabeljaufilet (oder Rotbarsch-
oder Schollenfilet), tiefgekühlt
3 Kartoffeln • 1 Knoblauchzehe
1 Eßl. neutrales Öl
1 1/2 Tassen trockener Weißwein oder
Brühe (Instant)
2 Teel. Instant-Gemüsebrühe
1 Stückchen unbehandelte Zitronenschale
1 Lorbeerblatt
1 Frühlingszwiebel
3 Tomaten
3 Zweige Basilikum
Salz
weißer Pfeffer, frisch gemahlen
1 Messerspitze Cayennepfeffer
1 Eßl. Zitronensaft

• Zubereitungszeit: etwa 25 Minuten

Etwa 2160 kJ/510 kcal

Tiefgekühltes Fischfilet gibt es in 250 g
Packungen, die Stücke sind einzeln zu
entnehmen. Sie brauchen für diesen
Eintopf etwas mehr als die Hälfte der
Packung, den Rest geben Sie sofort wie-
der ins Tiefkühlgerät.

1

Den Fisch auftauen lassen und in große
Stücke schneiden. Die Kartoffeln
schälen, waschen und grob würfeln
(Seite 18). Die Knoblauchzehe pellen
und fein würfeln.

2

Das Öl in einem Topf erhitzen, die Kartoffeln und den Knoblauch darin etwa
2 Minuten anbraten. Weißwein, Instant-
Brühe, Zitronenschale und Lorbeerblatt
hinzufügen, aufkochen lassen und etwa
15 Minuten bei schwacher Hitze köcheln
lassen.

3

In der Zwischenzeit die Frühlingszwiebel putzen und in Streifen schneiden.
Die Tomaten waschen und achteln. Das
Basilikum waschen, trockenschütteln
und hacken (Seite 19).

4

Nach Ablauf der 15 Minuten die Hitze
etwas höher schalten. Die Kartoffeln
mit Salz, Pfeffer, Cayennepfeffer und
Zitronensaft würzen, einmal umrühren.
Die Fischstücke, die Frühlingszwiebel
und die Tomaten auf die Kartoffeln
legen – nicht umrühren – und etwa
5 Minuten zugedeckt ziehen lassen.
Anschließend die Brühe noch einmal
abschmecken.

5

Die Suppe in einem tiefen Teller anrichten und mit dem gehackten Basilikum
bestreuen.

Grüne Bohnen mit Corned beef

Dieser würzige Eintopf schmeckt zu jeder Jahreszeit.

Läßt sich gut vorbereiten

3 Kartoffeln
150 g grüne Bohnen
100 g deutsches Corned beef (1 dicke Scheibe)
1 1/2 Tassen Wasser
1 Teel. Instant-Fleischbrühe
1/2 Teel. getrockneter Majoran
Salz
Pfeffer, frisch gemahlen
3 Stengel Petersilie nach Belieben

• Zubereitungszeit: etwa 40 Minuten

Etwa 1290 kJ/310 kcal

Die Kartoffeln schälen, waschen und in Schnitze schneiden. Die Bohnen waschen, die Enden abschneiden, die Fäden abziehen und die Bohnen kleinschneiden. Das Corned beef würfeln.

Die Kartoffelschnitze in einen Topf geben, das Wasser und die Fleischbrühe dazugeben und zugedeckt kurz aufkochen lassen. Die Hitze auf kleinste Stufe herunterschalten und die Kartoffeln etwa 15 Minuten köcheln lassen. Dann die grünen Bohnen dazugeben und nochmals etwa 10 Minuten zugedeckt köcheln lassen (Seite 34).

Kurz vor Schluß das gewürfelte Corned beef dazugeben und einmal gut umrühren. Mit Majoran, Salz und Pfeffer abschmecken und in einem Suppenteller anrichten. Wer will, kann noch etwas grob gehackte Petersilie darüber streuen.

Wenn es keine frischen grünen Bohnen gibt, nehmen Sie für diesen Eintopf eine halbe Packung (150 g) tiefgefrorene Bohnen. Die brauchen Sie dann nicht zu schnippeln.

Béchamelkartoffeln mit Pilzen

Gemüse in einer herrlich sahnigen Sauce.

Vegetarisch

3 Kartoffeln
150 g Pilze (zum Beispiel Champignons, Pfifferlinge oder Steinpilze)
1 Frühlingszwiebel
3 Stengel Petersilie
1 Eßl. Butter oder Margarine
1 Eßl. Mehl
1 Tasse Wasser
1 Teel. Instant-Gemüsebrühe
2 Lorbeerblätter
1 Eßl. Crème fraîche
Muskatnuß, frisch gerieben
Salz
weißer Pfeffer, frisch gemahlen

• Zubereitungszeit: etwa 30 Minuten

Etwa 1440 kJ/340 kcal

Nehmen Sie für die Zubereitung einen beschichteten Topf – darin kann nichts anbrennen.

1

Die Kartoffeln schälen, waschen und in etwa 4 mm dicke Scheiben schneiden. Die Pilze putzen, kurz unter fließendem Wasser abspülen und ebenfalls in Scheiben schneiden. Die Frühlingszwiebel putzen und schräg in Ringe schneiden. Die Petersilie waschen, die Blättchen von den Stengeln abzupfen und grob hacken (Seite 19).

2

Nun folgt ein »Rührstück«, genannt Mehlschwitze: In einem Topf die Butter oder Margarine zerlassen. Das Mehl hineinrieseln lassen und bei mittlerer Hitze so lange rösten, bis das Mehl hellgelb ist. Das Wasser dazugießen. Dabei ständig rühren!

3

Instant-Gemüsebrühe und Lorbeerblätter dazugeben. Einmal umrühren, dann die Kartoffelscheiben unterheben und etwa 15 Minuten bei schwacher Hitze köcheln lassen.

4

Die Pilze und die Frühlingszwiebel dazugeben und etwa 5 Minuten köcheln lassen. Die Crème fraîche vorsichtig hineinrühren, damit die Kartoffelscheiben nicht zerdrückt werden.

5

Mit Muskatnuß, Salz und Pfeffer abschmecken und mit Petersilie bestreuen.

Gurkenragout

Ein leichtes Tellergericht, das vor allem im Sommer schmeckt.

Preiswert

50 g durchwachsener Speck
3 Kartoffeln
1/4 Salatgurke oder 1 kleine Schmorgurke
1/2 Bund Dill
1/2 Tasse Wasser
1/2 Teel. Instant-Brühe
1 Eßl. Zucker
Salz
weißer Pfeffer, frisch gemahlen
1 Eßl. Crème fraîche

• Zubereitungszeit: etwa 40 Minuten

Etwa 2380 kJ/570 kcal

Für das Ragout können Sie sowohl Salat- als auch Schmorgurken verwenden. Besser schmeckt es mit Schmorgurken, die aber nur von Juni bis August erhältlich sind.

1

Den Speck würfeln. Die Kartoffeln schälen, waschen und kleinschneiden. Die Gurke schälen (Seite 18), halbieren, mit einem Löffel die Kerne herausschaben. Die Enden der Gurke großzügig abschneiden, sie könnten bitter schmecken. Die Gurke längs in etwa 2 cm breite Streifen und dann schräg in Rauten schneiden. Den Dill waschen, trockenschütteln und hacken.

2

Den Speck in einem Topf knusprig braten. Die Kartoffelstücke, das Wasser und die Instant-Brühe dazugeben, einmal gut umrühren. Zum Kochen bringen und dann zugedeckt etwa 20 Minuten bei schwacher Hitze köcheln lassen (Seite 35).

3

Die Gurkenstücke hinzufügen. Mit Zucker, Salz und Pfeffer würzen, gut umrühren und weitere etwa 10 Minuten bei schwacher Hitze schmoren.

4

Die Crème fraîche hineinrühren und den gehackten Dill unterheben. Auf einem flachen Teller anrichten.

Provenzalischer Lammtopf

Ein herzhaftes Gericht mit Fleisch, Kartoffeln, Gemüse und Gewürzen.

Deftig

1 Scheibe Lammkeule mit Knochen
1 Zwiebel
3 Kartoffeln
1 rote Paprikaschote
2 Tomaten
1 Eßl. neutrales Öl
2 Lorbeerblätter
2 Teel. Instant-Gemüsebrühe
1 1/2 Tassen Wasser
1 Teel. getrockneter Thymian
Salz
Pfeffer, frisch gemahlen

• Zubereitungszeit: etwa 40 Minuten

Etwa 2690 kJ/640 kcal

Statt der Paprikaschote können Sie auch 150 g grüne Bohnen nehmen.

1

Das Lammfleisch in große Würfel schneiden, dabei den Knochen herauslösen. Die Zwiebel pellen und achteln. Die Kartoffeln schälen, waschen und in grobe Schnitze schneiden. Die Paprikaschote putzen, waschen und in etwa talergroße Stücke schneiden. Die Tomaten waschen und kleinschneiden.

2

Das Öl in einem Topf erhitzen. Die Fleischwürfel mit dem Knochen und den Zwiebelstücken darin rundherum anbraten. Die Kartoffelschnitze, die Lorbeerblätter und die Instant-Gemüsebrühe dazugeben. Das Wasser dazugießen und den Eintopf zugedeckt bei mittlerer Hitze etwa 10 Minuten köcheln lassen (Seite 34).

3

Die Paprikastücke dazugeben und einmal umrühren. Etwa 10 Minuten weiterköcheln lassen.

4

Die Tomatenstücke, Thymian, Salz und Pfeffer hinzufügen, gut umrühren und nochmals etwa 5 Minuten offen köcheln lassen.

5

Den Knochen und die Lorbeerblätter herausnehmen. Den Eintopf noch einmal mit Salz und Pfeffer würzig abschmecken und dann in einem tiefen Teller anrichten.

Süß-saure Bohnen mit Wurst

Ein würziger Eintopf für die kalte Jahreszeit.

Gelingt leicht

3 Kartoffeln
1 1/2 Tassen Wasser
1 Teel. Instant-Brühe
1/2 Dose weiße Bohnen
1 Frühlingszwiebel
50 g Kabanos oder Knoblauchwurst
Salz
schwarzer Pfeffer, frisch gemahlen
1 Teel. Zucker
1 Eßl. Weinessig
3 Stengel Petersilie

• Zubereitungszeit: etwa 25 Minuten

Etwa 2190 kJ/520 kcal

Aus der anderen 1/2 Dose Bohnen können Sie einen italienischen Salat zubereiten: Die Bohnen zusammen mit Zwiebelringen in einer Salatsauce aus Olivenöl, Weinessig, feingewürfeltem Knoblauch, 1 Prise Zucker, Salz, Pfeffer und gehackter Petersilie mindestens 1 Stunde ziehen lassen.

1

Die Kartoffeln schälen, waschen und in grobe Schnitze schneiden. In einem Topf mit dem Wasser und der Instant-Brühe in etwa 20 Minuten weich kochen.

2

In der Zwischenzeit die Bohnen in ein Sieb schütten, unter fließendem Wasser abspülen und abtropfen lassen. Die Frühlingszwiebel putzen und schräg in Ringe schneiden (Seite 18). Die Wurst in dünne Scheiben schneiden.

3

Die Bohnen, die Frühlingszwiebelringe und die Wurstscheiben zu den Kartoffeln geben. Mit Salz, Pfeffer, Zucker und Weinessig kräftig süß-sauer abschmecken und einmal aufkochen lassen.

4

Die Petersilie waschen, die Blättchen von den Stengeln zupfen und grob hacken (Seite 19). Den Eintopf in einem tiefen Teller anrichten und mit der Petersilie bestreuen.

Cremesuppen zubereiten

Eintöpfe zubereiten

1 Für Cremesuppen brauchen Sie 1 1/2 Tassen Wasser. Die Suppe aufkochen lassen, dann die Hitze auf kleinste Stufe schalten und zugedeckt etwa 20 Minuten köcheln lassen.

1 Auch Eintöpfe werden mit 1 1/2 Tassen Wasser zubereitet. Auf höchster Stufe zum Kochen bringen, dann die Hitze reduzieren und zugedeckt etwa 20 Minuten köcheln lassen.

2 Die Crème fraîche dazugeben und pürieren. Damit es nicht spritzt, den Topf mit Küchenpapier abdecken. Das Papier an einer Seite einreißen und dort den Pürierstab einführen.

2 Gemüse mit ähnlichen Garzeiten wie Kartoffeln (etwa 20 Minuten) gleich dazugeben, Gemüse mit kürzeren Garzeiten entsprechend später, dabei die Hitze kurz hochschalten.